$\dfrac{7}{8}$ 41. 158.

RÉFLEXIONS

DU TRIBUNAL

DU JURÉ D'ACCUSATION,

Sur quelques inculpations faites au Tribunal du Juré de jugement des 17 août et 11 septembre derniers.

———

L'an premier de la République Française.

LE Ministre de la Justice vient d'accuser ce Tribunal de *prévarication* auprès des Représentans de la Nation. Cette imputation est grave, si elle est fondée; s'il s'est renfermé dans les bornes de son institution, et qu'il

A

n'ait fait que céder à la nécessité des circonstances, l'opinion publique le vengera.

Une observation apparente de la constitution des perfides reviseurs, en avoit tellement attaqué toutes les bases, et l'on mar-
choit néanmoins en sens si directement op-
posé aux principes de la déclaration des droits
naturels de l'homme, que, sans la sainte in-
surrection de la journée du 10 août, qui a dé-
truit toutes les mesures d'une conspiration
prête à éclater, on eût peut-être réussi à nous
ravir notre liberté Nos ennemis étoient par-
tout, et ceux du dehors étoient les moins
dangereux. Le pouvoir exécutif avoit tout cor-
rompu ; les corps administratifs, la plupart des
municipalités, et les corps judiciaires, étoient
dans la coalition, excepté néanmoins ceux desd.
corps qui ont été renouvelés depuis le 10 août.

Une désorganisation générale a dû être la
suite de cette journée mémorable. Le peuple
a voulu des juges pour le venger des conspirateurs contre sa liberté, et qu'ils n'eussent
aucun des préjugés du fatal modérantisme qui
avoit été sur le point de l'accabler. Il les a
fait choisir par quarante huit électeurs nom-
més dans toutes les sections. Il devoit compter

que dans ce moment d'enthousiasme pour la liberté, l'on ne fixeroit ses regards sur aucun patriote douteux. C'est dans cette disposition des esprits, qu'on a formé le Tribunal du juré d'accusation et celui du juré de jugement, du 17ᵉ août.

La modération des autres Tribunaux a cru devoir laisser passer ce moment d'orage. L'intérêt de s'y soustraire étoit le plus pressant : celui de rentrer dans ce qu'ils appellent leurs droits, devoit le remplacer. Le Tribunal du 17 août n'a calculé, ni ses dangers, ni la courte durée de son existance, il n'a vu que les droits du peuple, et les moyens de maintenir sa liberté, par des exemples de juste sévérité. Il a fait ce qu'il a pu ; il l'a fait avec un zèle aussi infatigable que désintéressé. Delà aussi viennent les reproches que le modérantisme suspect, et sourdement contre - révolutionnaire, s'efforce de lui faire.

L'aristocratie judiciaire est l'ivraye la plus difficile à arracher du champ de la liberté.

C'est aux directeurs du Juré d'accusation, que l'on ne sauroit inculper sous aucun rapport, attendu qu'ils forment un tribunal à part, qui ne juge que pour déclarer qu'il n'y a pas lieu à accusation, à dire la verité sur ce point ; aussi ne communiquent-ils pas ces réflexions, au Tribunal de jugement, afin de mieux tenir à la résolution d'impartialité qu'ils se sont promise : elle est d'ailleurs pour eux une régle de conduite invariable dans toutes les circonstances.

L'on a dit que la journée du 10 août avoit forcé tous les pittistes de la constitution, malgré les contradictions révoltantes qu'elle présente, à se cacher, jusqu'à ce que, après avoir bien regardé autour d'eux, ils ne vissent plus rien à redouter. Pendant la durée des craintes, ils n'ont attaqué, ni directement, ni indirectement l'existance du Tribunal du 17 août. Peut-être ont-ils applaudi aux actes de violence exercés dans les prisons, afin de voir arriver l'anarchie sur laquelle ils fondent aussi leurs espérances.

Lorsqu'ils ont pu se faire jour dans la convention et chez les ministres, ils ont fait des attaques indirectes, ils ont rallié des intérêts divers. Le Tribunal criminel du département de Paris s'est cru dépouillé ; il a plaidé la cause des Juges de paix qui avoient abandonné leurs fonctions à la journée du 10 ; il y en avoit un grand nombre vendus au pouvoir exécutif. Enfin ils se sont associés aux débris de la haute cour nationale, qui a peu fait de travail, et qui a été l'occasion d'une grande dépense. La plupart des réviseurs de la constitution terminée au mois de septembre 1791, voudroient la ressusciter et y trouver place. Ils font des petits comités. Tel est le foyer de l'intrigue conspiratrice contre le Tribunal criminel du 17 août.

Les objections contre ce Tribunal, ou plutôt les prétextes dont on se sert pour l'attaquer, sont 1°., d'exister sans qu'on puisse recourir à la voie de la cassation contre ses jugemens; 2°. d'avoir prononcé la peine de mort contre les voleurs du garde-meuble; 3°. enfin d'avoir, sans aucune attribution, jugé des affaires de la police correctionnelle,

La première objection fait le procès au décret du 17 août, qui a établi le Tribunal; par conséquent on pourroit n'y pas répondre ; mais puisque l'on prétend faire résulter une forme inquisitoriale de la privation e recours à la cassation, il est indispensable de faire quelques observations sur ce point.

Si l'on pouvoit s'autoriser de ce qui se

passoit sous l'ancien régime, l'on diroit qu'il n'y avoit que les accusés favorisés qui pussent se pourvoir en cassation ; et encore falloit - il qu'ils fussent à Paris, ou qu'on eût pris la précaution de faire écrire par le ministre de la loi, de surseoir à l'exécution ; autrement un accusé condamné subissoit son jugement. Il y avoit, à la vérité, deux degrés de jurisdiction, mais toutes les formes de procéder étoient si effrayantes, que rien ne pouvoit garantir de la crainte qu'on ne sacrifiât un innocent à l'ignorance, à la prévention, ou à la corruption des juges : tout étoit contre l'accusé, et rien en sa faveur.

L'institution des jurés d'accusation et de jugement devient une double garantie qu'aucun accusé innocent ne subira la peine du crime. L'instruction des directeurs du juré d'accusation est si complette, qu'il ne reste, pour ainsi dire, rien à voir au-de-là. Viennent ensuite les jurés qui mettent le sceau aux bases sur lesquelles porte l'acte d'accusation. Ce premier travail divisé en deux opérations, est plus rassurant pour l'innocence de l'accusé, que s'il y avoit deux degrés de jurisdiction de l'ancien régime en sa faveur. L'accusé

passe de-là au tribunal du juré de juger . . .
L'instruction y est contradictoirement dé-
battue entre les témoins et lui ; les indices
ou pièces de conviction y sont pris en con-
sidération ; l'accusé y est défendu par celui
auquel il a donné sa confiance ; l'accusateur
public et le commissaire national sont enten-
dus ; le président du tribunal résume, les jurés sont présens à tout, et le public est là.

Les Jurés se retirent, et viennent déclarer
le fait : les Juges y appliquent la peine prononcée par la loi, après l'avoir lue aux articles
dont il s'agit. On ne peut rien imaginer qui
réunisse à un plus haut degré, tous les caractères de l'examen le plus important et le plus
approfondi.

Un délit n'est jamais qu'un fait : ce fait,
lorsqu'il n'est pas un délit, n'est rien. La loi
prononce textuellement la peine de chaque
délit : il faudroit vouloir se tromper pour ap-
pliquer à un fait une peine que la loi n'auroit
pas prononcée. Il seroit difficile que les Jurés
qui ne connoissent pas l'accusé, qui n'ont aucun
intérêt, qu'aucune passion n'anime, pussent se
tromper autrement qu'en sa faveur ; ce qui est
bien loin de ressembler aux dispositions inqui-

sitoriales, dont on se fait avec tant d'absurdité un titre contre le Tribunal du 17 août.

L'on se plaint, en second lieu, de ce que le Tribunal a condamné à la mort des hommes contre lesquels la loi ne prononce que 20 ans de fer.

Le Tribunal a dû regarder les voleurs du Garde - Meuble, comme des instrumens de conspiration : il a dû penser que les ennemis de notre révolution avoient convoité cette ressource pour les soulager dans leur détresse. Ils ont vu, en outre, dans l'attroupement de ces voleurs et de leurs complices réunis, en forme de patrouille armée et en uniforme, avec le mot d'ordre de la garde nationale, une circonstance tellement aggravante, qu'elle a nécessairement changé la nature du délit. Ces caractères de conspiration et d'usurpation de la force publique ont dû déterminer à une peine au-dessus de celle du vol fait avec effraction.

Nous étions au centre des mouvemens de la plus grande révolution que nous ayons faite ; il falloit proportionner les peines aux circonstances dont nous étions environnés, et au besoin que nous avions de remonter aux causes de ce vol, si extraordinaire, que l'on disoit qu'il devoit être suivi du vol du trésor national et de l'enlèvement des bijoux, vases et effets précieux des églises de Rheims et de Saint-Denis. Sans la peine de mort, on n'auroit point obtenu d'aveux des accusés. Ces aveux ont cependant préservé la nation de pertes beaucoup plus grandes. Au reste, **il** convient de répéter que l'attroupement en patrouille armée, en uniforme, avec le mot de la garde nationale, est un acte d'usurpation de la force publique, qui, lui seul, est punissable de la peine de mort. Ce principe est conforme à celui que la convention nationale vient de consacrer, en rendant un décret qui prononce la peine de mort contre quiconque se couvrira, n'en ayant pas le droit, du signe de la puissance publique, tel que l'écharpe municipale, par exemple.

Au surplus, si la Convention nationale eût jugé que le Tribunal étoit sorti des bornes de la loi, elle pouvoit l'y ramener sur les deux premiers condamnés ; ils n'ont point été exécutés à cause de leurs aveux et des éclaircissemens que l'on pouvoit en retirer dans la suite ; il étoit donc possible de rappeler le

tribunal à la règle ; la Convention Nationale ne
l'a pas fait, elle est allée plus loin, elle a auto-
risé le Tribunal par un décret à surseoir à
l'exécution de ses jugemens lorsque les circonstances lui paroîtroient l'exiger. La Convention nationale a donc implicitement ap-
prouvé le tribunal dans la peine de mort qu'il a
prononcée contre les voleurs du garde-menble.

L'on fait enfin au Tribunal le reproche de
s'être attribué la police correctionnelle ; c'est
ce que le ministre de la justice appelle une
prévarication. Il y a cependant loin d'une
incompétence à une prévarication : mais outre
que la compétence étoit forcée par l'abandon
total de ces fonctions, et parce qu'il étoit né-
cessaire qu'elles fussent remplies, il faut être
épilogueur bien amer pour contester la compétence du 17 août. La Police correctionnelle
tient de si près au délit, qu'elle est le premier
dégré qui y conduit. Les Jurisconsultes appe-
loient les faits qui en sont la matière des *quasi*
délits.

Cette police ne s'est plus faite depuis le 10
août. L'attribut'on au Tribunal du 17 août,
dans la loi du 11 septembre, des délits qui
se commettroient dans le département, en-

traînoit nécessairement la police correctionnelle, dès que personne ne s'en occupoit. Il
étoit impossible que les hommes qui en étoient
susceptibles, restassent perpétuellement en
prison. Si le Tribunal criminel du département de Paris eût eu le zèle qu'il veut qu'on
lui reconnoisse, il s'en seroit chargé depuis
le 10 août jusqu'au 11 septembre. Il le devoit
d'autant plus, qu'il n'a repris de séance publique depuis la session du mois d'août, que
le 15 novembre. Il ne l'a pas fait, il falloit
bien y pourvoir. Il ne se réveille de son long
assoupissement, que parce qu'il croit s'être
formé des appuis auprès de ceux que la journée du 10 août avoit jettés dans l'abattement.
Les reproches des adversaires du Tribunal
du 17 août sont de telle nature, qu'ils ne
servent qu'à faire mieux ressortir son zèle et
son activité. Il étoit sans doute très-compétent
pour remplir des fonctions analogues aux
siennes, et qui lui étoient par cela même implicitement attribuées. Mais cela fût-il douteux,
où est la prévarication à avoir fait ce dont personne ne vouloit se charger, et à l'avoir fait
non-seulement d'une manière irréprochable,
mais encore avec un esprit de justice et d'in-

térêt public, digne d'un meilleur traitement.

Mais, au reste, malgré l'utilité des services du Tribunal criminel du 17 août, et quoiqu'on puisse avoir intérêt à prolonger sa durée, on ne l'a pas vu réclamer contre les idées de suppression qu'on a répandues contre lui. On lui a demandé un mémoire sur la formation d'un ordre judiciaire criminel pour le département de Paris, il a dit ce qu'il pense avec la franchise et le désintéressement qui le caractérisent. Il s'est mis à l'écart en soumettant tous les membres qui le composent à la rééligibilité. Il a déplu aux uns ; d'autres lui rendent justice. Tel est le cours ordinaire des choses. Jusqu'à ce que l'esprit public soit un peu plus consolidé, l'intrigue, les passions et les vues privées se feront jour ; mais elles cesseront comme tous les autres obstacles au bien public. Qu'il se fasse, c'est tout ce que desirent les bons citoyens. Dépouillés ou non par la révolution, ils doivent tous se réjouir du bien qu'y trouve la chose publique ; elle aura bientôt réparé les maux particuliers.

L'on nous remet en ce moment une réponse du citoyen Treilhard à notre premier Mémoire.

Nous nous bornerons à lui observer : 1o. Qu'il n'est pas exact de regarder les six premières semaines de l'établissement du Tribunal du 17 août, comme un temps de travail non interrompu car il a été suspendu par l'événement des prisons. 2o. Il doit savoir que des affaires du genre de celles qu'on y a traitées, ont donné lieu à des mouvemens et à des recherches si multipliés, pour se procurer des pièces éparses par-tout; que bien loin que l'économie de tems que l'on prétend être résultée de l'inobservation de quelques formes qu'il étoit absurde de conserver sous le règne de la loi des Jurés, a été compensée, et fort au-delà, par des instructions plus utiles au fond ; et que dès-lors, en supposant les choses égales d'ailleurs dans chaque affaire, (ce qui est fort loin de la vérité) l'emploi du temps exigé par les circonstances pour l. recherche de la vérité, a nécessairement fort augmenté le travail du Tribunal du 17 août. L'on ne comprend point ici celui que le Tribunal du Juré d'accusation, a été forcé d'y consacrer.

Le Tribunal du 17 août saisit tous les f.'s que lui présente une accusation, parce que tous les malveillans, tous les conspirateurs, tous ceux qui vivent enfin du trouble fait à l'ordre public se tiennent plus ou moins. L'on devoit mettre le même soin à suivre les fabricateurs de faux assignats, parce que c'étoit un grand moyen de contre-révolution, peut-être qu'en poussant plus loin la grande fabrique de Passy, on auroit fait de plus importantes découvertes.

Ces observations ne nous font pas renoncer à soutenir que le nombre des affaires jugées est celui que nous avons énoncé.

Quoi qu'on puisse dire contre le tribunal du 17 août, l'on ne lui enlevera pas le mérite d'avoir calmé Paris, vengé les atteintes portées à la liberté, et d'y avoir employé tous les momens de chaque jour, et une grande partie des nuits. Il s'est tellement livré à cette partie du service public, qu'il seroit impossible aux plus fortes santés de soutenir plus d'un petit nombre d'années, le pénible effort d'un pareil travail. Ce qu'on a dit, à cet égard, n'a pas pour objet de déprécier, dans l'opinion publique, les membres du Tribunal Criminel du Département de Paris; mais de prouver qu'un Tribunal comme celui-là est insuffisant dans le Département de

(15)

Paris; cela est démontré au degré de l'évidence la plus complette; ainsi il ne s'agit pas de nuire, dans l'esprit du corps électoral, aux membres de ce Tribunal pour la réélection; l'on ne pourroit d'ailleurs changer sur cela ses dispositions. L'on ne veut nuire à personne, mais présenter des idées pour la meilleure formation d'un Tribunal qui suffise à juger toutes les affaires criminelles du Département de Paris.

L'on a mal compris le Tribunal du 17 août, en supposant qu'il puisse être dans ses principes de donner aux affaires, moins d'attention qu'il n'en faut pour les approfondir; il est trop évident qu'il n'a entendu parler que de ces affaires qui sont aussi complettement saisies en un instant que si on y employoit des journées entières, pour que l'erreur où l'on est tombé ne soit pas volontaire. Il falloit écrire pour se faire une trouée dans le corps électoral, afin d'y amortir l'indisposition des esprits; mais si les services des membres du tribunal criminel sont de quelques poids, pourquoi refuseroit-on de reconnoître ceux des membres du tribunal du 17 août?

Seroit-ce parce qu'ils ont fait preuve de courage, de zèle patriotique, d'activité et de désintéressement.

Signé LOYSEAU, FOUQUIER TINVILLE, DOBSEN, CAILLERE DE LÉTANG, CREVEL; LEBOIS, GUILLAUME SERMAIZE, ci devant LEROY, et PERDRIX, commissaire national près le tribunal d'accusation.

De l'Imprimerie du Citoyen CLÉMENT, Imprimeur du Tribunal Criminel, cour des Barnabites.